Desde mi esencia

Poesía

Gladys Viviana Landaburo

Del Alma Editores

Desde mi esencia
Autor: Gladys Viviana Landaburo

Prólogo: José Lorenzo Medina

Fotografía: Julia Grover FOTOGRAFÍA

Diseño de portada: Julia Grover FOTOGRAFÍA

Email: juliagogrover@hotmail.com

https://www.facebook.com/JuliaGroverFOTOGRAFIA

© 2013 Del Alma Editores

Todos los Derechos Reservados.

Prohibida la reproducción total o parcial de esta obra
por cualquier medio sin previo permiso escrito
por parte del autor.

ISBN: 978-987-29888-2-1

A mi madre: Julia A. Grover

A todos los que me alentaron
en este camino de ensueño

y especialmente a ti:
¡que vives en mí!

*Escribo desde mis silencios...
Escribo, desde mi corazón
cuando se vuelca de emoción, y
es mi alma quien busca la pluma,
que plena de la tinta de mi sangre,
se derrama en letras que claman
por perpetuar en el aire
la esencia de mi "ser"*

Biografía de Gladys Viviana Landaburo

Escritora, poeta y editora, nacida en Gral Pacheco - Bs As - Argentina, aunque hace muchos años que resido en la ciudad de Cosquín, (ciudad del mismo país). Hace años que participo compartiendo mis letras en foros internacionales (habiendo sido administradora en alguno de estos), actualmente comparto con la poeta puertorriqueña: Glendalis Lugo, la administración del foro poético Susurros del Alma, y también de su página y grupos en www.facebook.com.

Participé recientemente en el XIV Certamen Internacional POESÍA Y CUENTO 2013 auspiciado por SADE (SOCIEDAD ARGENTINA DE ESCRITORES), quedando seleccionada para integrar la ANTOLOGÍA: LETRAS VIVAS 2013.

Durante el año 2012 he colaborado en la radio on line: www.almaenradio.com, haciendo la producción del programa de poemas "SUSURROS DEL ALMA",(junto a poetas de habla hispana de todas partes del mundo),el cual es realizado y conducido por Sergio Sánchez, desde la ciudad de La Plata Buenos Aires Argentina.

En junio de 2012 nace en facebook el grupo SUSURROS DEL ALMA: Desde este espacio poético, compartimos junto a poetas de habla hispana de todas partes del mundo.

Participé en la Antología Poética Versos Compartidos Veinte Poetas una Pasión: Esta fue editada en la ciudad de Montevideo Uruguay, y presentada el pasado 9 de mayo, en AGADU CASA del AUTOR - Sala Mario Benedetti).

El 23 de febrero de 2013 nace el foro de poetas de habla hispana SUSURROS DEL ALMA: http://susurrosdelalma.foroactivo.com/, el cual he creado junto a la poetisa puertoriqueña Glendalis Lugo, y es con quien comparto la administración de dicho foro. Dicho espacio poético ha ido en permanente crecimiento, debido a su propuesta fresca, de trabajar para promover las letras y sus autores, acompañándolos y caminando junto a ellos en iniciativas como editar y publicar su obra para perpetuarse más allá del tiempo.

Prólogo

Es una obra basada en un solo fundamento: el "amor a la vida". Esta es la idea central de la presente obra poética, esencialmente subjetiva como todas las cosas que nacen del alma. Hablar de la esencia: es hablar del despertar del hombre, de hallar la luz, de encontrar el propósito de nuestra existencia pero sobre todas las cosas, encontrar el lenguaje que pueda expresar las ideas y los sentimientos que el poeta logra plasmar y transmitirlo, como lo hace la poetisa de manera acertada. Es un placer leer cada poema que muestra el existencialismo y sus versos que son nuestros versos para aquellos que amamos la poesía.

En versos como estos la autora expresa su profundo sentir y la esencia de todo poeta:

..." Y extasiado en rebeldía
exhaló vida en el viento
que anidó en mi corazón,
que siendo ahora uva
de sangre viva la que destila
y fragua en llamas..."

José Lorenzo Medina

Esencia Enamorada

Sin ti

No me prives del placer de tu reflejo
que me ilumina incandescente
Y me enciende, me provoca, me desborda.

Me llevás a mis extremos, y me siento estar...
mi sangre fluye como un torrente
y anhelo estallar, dejar de ser, estar en vos.

¡No me prives del placer de tu existencia
que me despierta, me provoca, me exalta,
me fascina, me enceguece!

Me arrojás al infinito, y me hacés vibrar
¡me hacés morir, me hacés vivir!

No me prives del calor de tu reflejo
porque sentiré tan fría mi alma
y pereceré sin más...

De corazón a corazón

Estamos unidos
por un filamento invisible,
que emite ondas vibrantes,
de corazón a corazón.

Todo lo que en ti ocurre...
al instante lo reflejas en mí
¡todo lo que vives tú!
repercute al vibrar en mí.

¡Sabes lo que siento!
¡Sé lo que sientes!
y aun sin estar juntos:
juntos estamos.

Porque estamos unidos
más allá del ahora,
más allá de un "te quiero"
más allá de un "te amo".

Porque estamos unidos,
y no hace falta palabra
dando testimonio alguno,
de esta unión genuina
de dos almas en una...

Eres tú

Porque unido a ti
es que siento
y porque siento,
sé que soy,
y aunque en vaivén
las olas rompan y
me empujen a tus brazos
entre calma y tempestades
eres tú quien me completa
y mi ser lo acrecienta.

¡Porque eres tú mi vida
la razón de mi existir!

Sos...

Sos tu mano de mi mano
y mil caricias con ellas...

Sos mil besos en mis labios,
y tu boca siendo el eco
de mis deseos secretos...

Ahí estás

En la hierba que camino,
impregnados tus aromas.
Y en las gotas de rocío
que resbalan por mi ropa.

Ahí estás

Siendo cómplice propicio;
avanzando hacia el abismo
amarrado a un sentimiento,
que te exalta y te encandila...
Sin ni siquiera pensarlo.

Ahí estás

Siendo música en el aire
que respiro anhelante,
¡Y abstraído de tabúes
y preceptos que lo imponen!

Ahí estás

Dando rienda suelta al alma
que se estremece en amores,
y como alazán salvaje
que elige en libertad.

Ahí estás

Sin sellar ninguna alianza
que te fuerce ni exija ,
pero con la fuerza viva,
¡Y decisión de todo un hombre
con un corazón que ama!

Eternamente

Cuando mi alma te percibe
se embriaga sin darse cuenta
sucumbe ante ti...
no me es fiel, no te conoce
y te prefiere, ¡alma ingrata!

Me has embriagado de tal modo
¡no soy consciente
de que esto es un sueño!
al despertar ahí estará el vino
y tú ausente, de mis deseos
pasión exuberante seguirás siendo...

Eternamente en mis sueños
puedes disponer de mis deseos
si tus antojos afloran
porque eres el huracán
que despierta mi extrema
¡locura pasional y terrenal!

Y trazo tu corazón

Te pinto desde mi alma
desde mi alma te pinto.

Y es mi pincel un suspiro,
que desde mi corazón
esculpido de pasión
tallada en flama

un rojo escarlata inspira
y trazo tu corazón

Y te siento y suspiro
y diáfana luz me inunda
y viste mi pincel
de amarillo cadmio claro,
de amarillo cadmio oscuro

Y hebras de luz y fuego
pinto en tu corazón

y te siento y suspiro
y te miro y te siento
y desde mi sentir
tomo azul cobalto claro
e imprimo en tu corazón:
sensibilidad, dulzura
y toda la poesía

Y ahora ya eres:
un corazón de fuego,
un corazón constante,
un corazón sensible,
un corazón que ama.

Y ahora que eres:
un corazón soñado,
un corazón perfecto,

un corazón amado.
Te miro... te siento,

y porque te siento
corro el riesgo de
dejar la puerta abierta
por si me miras
y tu latir cabalga tan fuerte
como para no poder partir...
sabré, entonces, que
eres tú, ¡Mi corazón!

Me Provoca

Eres ángel de luz
que desde tu fuente
agitas mi alma
cuando paseo
por tu sentir
que me provoca
desde su ternura
para convulsionar
mis sentidos que
despiertan, estallan
y se expanden
sin límite alguno
que atrape y limite
¡el vuelo que mis sueños
alcanzan en libertad!

Voy a tu encuentro

Desde siempre camino
inhalando tus huellas
en el aire que respiro,
que pinta mis ilusiones
en el paso de mis días.
¡Voy a tu encuentro!
Sé que en algún instante
coincidiremos, y al mirarnos,
aunque casualmente parezca,
no es más que el momento
que nos está reservado,
para completar junto al otro,
esta aventura hacia el infinito,
infinito por el que camino
hacia ti, desde el día en que,
abrí mis ojos a la luz...

Eres como el buen vino

Eres como el buen vino,
belleza que seduce...
En su primera juventud
lo dominan fragancias verdes
de frutas y de flores,
Y promete, y prometes...
Pero será en otro tiempo,
que evolucionan sus aromas
hacia retama , fruta madura...
Y ahora sí que es su tiempo,
ahora sí que es tu tiempo...
Tiempo en que te derrame
en la copa de mi vida
y te agite levemente,
para que en cada sorbo de vino
al airearte entre caricias,
te expreses libremente
en notas del paraíso,
desde jugosa uva a mi copa,
para embriagarnos gota a gota
todos nuestros sentidos
dulces delicias de amor...

En nuestro lago

Eres el capitán de mi balsa,
y te impulsas por mi sangre
para navegar unidos,
en trémulas y agitadas pasiones:
unidos el uno al otro
en travesía extraordinaria
y con el deseo vehemente
que jubiloso nos embriaga
y nos conduce, a una
aventura maravillosa
de trascendencia inimaginable,
unidos en nuestra balsa,
y viviendo , en nuestro lago...

invítame a un día

Invítame un día
a acariciar tus manos
cansadas de esperar
caricias ausentes.

Invítame un día
a acariciar tu rostro
para que cuando
seas reflejo en mí
recuerdes lo bello
y cautivante que es
el reflejarse en
espejos de alma
que te añoran
desde sus confines

. Invítame un día y
deja mi torso apoyar
sobre tu piel

porque vano es
habitar solo, en
recuerdos al vacío
que se anclaron ahí
cuando la última hoja
de un otoño de abril
golpeó vil la puerta

poniendo cerrojo
a esos sueños para
lanzarte al abismo
del más absoluto desprecio.

Ay cuando te leo

Cuando te leo
ay cuando te leo
¡se estimulan mis sentidos!
Te siento cabalgando sobre mi piel
y estallo entrelazada
contigo, ¡furioso desbocado!

Ay cuando te leo
mis sentidos te anhelan
te desean profano, lascivo
penetrando mi sedienta bahía
que derrama ante ti
la pujanza que le provocas
que despierta, sucumbe entregada
al deleite que motivan tus hechizos
letra plasmada desde tu alma
¡Ay cuando te leo!

Exhaló vida en el viento

No te apartes de mi alma.
No siembres ausencia
ni en mi piel
ni en mi corazón.

Cultiva la vid
cabernet sauvignon
que al descuido,
suspiro de un viento
huracanado enardecido
apasionado hasta el extremo
de sus bordes palpitantes,
que ni fuerte abrazo
de alameda circundante,
lo contuvo en sus confines...

Y extasiado en rebeldía
exhaló vida en el viento,
que anidó en mi corazón,
que siendo ahora uva
de sangre viva la que destila
y fragua en llamas

y tu nombre en mi corazón
a fuego labra, y queda,
y necesita ser uno contigo,
¡Ven a beber del vino
que engendraste!
Te necesito para ser.

Perdida enamorada

Anoche
perecí en mi lecho.
Mi alma
perdida enamorada
sucumbió tras su amor
y abandonó mi cuerpo
para tener su sueño junto a él,
temí que nunca regresara
y así
quedar yo
dormida para siempre.

Déjame labrar sutil mi nombre

Déjame tenerte preñado en mi alma,
abrir mi corazón desde mi ensueño
amañando mi boca obcecada,
con esencia de rosas y cilantro
y que mis besos sean tu querencia,
y mi influjo salva de tus dones.

Déjame labrar sutil mi nombre
en la penumbra añil de mi reflejo.
Bebamos aguardiente de suspiros
sujeto al desenfado que motiva,
ahógame en el brío de tu pecho,
sosiega la inclemencia de tu día.

Déjame hundida en tu regazo,
acalla el frenesí de mis delirios,
resopla galopar de tu consciente,
ansíame profuso y desbordante,
profana la frontera de mi orilla,
yace en la lumbre de mi aljibe.

Déjame abordar tu vuelo alado,
e incrustada en tus entrañas
susurrarte cuánto te amo.

Eco de mi alma

Eres infinito mar salvaje
que captura mis impulsos
¡los eleva entre las olas
los sumerge entre delfines!
cristalizas mis anhelos
siendo eco de mi alma
te expandes en el aire
para acariciar mis poros
que te ansían y pronuncian:
el señor de mis deseos
navegante de mis sombras
y destellos fulgurantes
expresión de mis sentidos
"que desnudan su infinito"
coronados en el espejo
de tu alma magnánima.

Tu sentir me envuelve

Te siento
desde antes de
que el firmamento fuera
¡Vives en mí!

Tu sentir me envuelve
te percibo intenso
como impetuoso huracán
y mi sangre desenfrenada
fluye hacia ti
en busca de tu piel
que la provoque
y confirme que eres tú
la luz inextinguible
que agita mis venas
desde siempre
y para la eternidad

porque eres llama intensa
como sol del mediodía
que roza mi alma
y la acaricia
para hacer vibrar
al unísono contigo
¡porque siempre
has estado en mí!

Un viaje de ensueño

Cuando el amanecer
derrame destellos de
alborada jubilosa
inhala mi oxígeno
aprópiate de mis deseos
y emprende junto a mí
un viaje de ensueño

porque quiero ser balsa
conque navegues sin descanso
por briosos mares azulinos
reflejándote en mi mirada
en la certeza de que
nos arrullaremos en la orilla
donde la calma nos abrace...

¡Porque cuando partimos supimos
que el norte de nuestro destino
jamás lo extraviaríamos!

¡Ven a mí!

Agoniza la noche
mi piel que te siente
te ansía vehemente
¡te elige!, ¡ven a mí!
asómate desde tus entrañas.

Deja a tu nostalgia
escurrirse desde tu corazón
suéltale la mano
arrójale por el despeñadero
para emprender desde ti
un vuelo nuevo.

Emerge desde la monotonía
que, huérfana de caricias,
vive a la sombra
de un "te amo"
que yace bajo lápida
de mármol desolado
por la indiferencia sufrida.

¡Mírate! eres luz
que mi alma embriaga.

¡El tiempo, juez implacable,
marca campanadas
de lo que jamás volverá!
deja de aguardar la nada...

¡Ven a mí!

No te desvanezcas
sin estar en donde sí
eres grito desvelado
anhelo vehemente
de un alma a la que provocas,
la despiertas del letargo
y haces vibrar...

¡Eres razón de mi ser!

¡Ven a mí!

Me tienes poseída

Amaneciste debajo de mi piel
aunque sepa que es nefasto
este anhelo
que brota solo

y me enciende explotando
y empujándome al desbarranco
como piara poseída
por un demonio que lo toma
para revolcarlo en el lodo
de pasiones sin medida

en donde vive un paraíso
extasiado
sin prejuicio
engolosinado
en la lujuria...

Me tienes poseída
desde mi piel hasta
lo recóndito de mi alma
que oscura se revela
en el deseo que desencadenas,
aunque cuando se aplaca
te veo desde la luz que eres...

Cuando no "te amo"

Cuando no "te amo"
desde mi corazón
siento tu palpitar
que estalla desde el alma,
auténtica llamarada clama
huérfanos anhelos...
lo percibe mi esencia.

¿Qué sientes en las ausencias
que socavan instantes
que la flaqueza invade?

Sé qué sientes...
¡Te siento agudo en mí!

Cuando creas que soy
presencia indiferente
mi sentir se riega
con luz mágica del todo
sin restricción alguna,
amor que se derrama
en creatividad sin fronteras
¡infinito posible
para acallar tu dolor!
Porque cuando no "te amo"
¡Cuánto más te estoy amando!

Despierta tu sangre

Tengo sed de ti...
derrámate en mí:
aliméntame
desde tu simiente
con tu elixir
que es vida

¡Hazme vibrar en sintonía
con el agite de tu alma!

Despierta tu sangre
que mis entrañas la aclaman,
devórame y hazme cautiva
de los mayores placeres

porque eres emperador
de mis sueños
y deseos más luminosos
¡mas en sombras
es que me haces
sentir viva!

Nuestro tiempo en el deseo

Búscame con la voz de tus instintos,
los más básicos y vibrantes,
esos que cuando tu piel erizan,
te dicen que soy debajo de tu piel
y que ando sobre olas
y llevada en pos del viento,
donde mis sentidos alertas
se embriagan con la esencia
que desde tu candente piel
emanas al universo
para atraerme hacia ti,
para conjugar fusionados
nuestro tiempo en el deseo
que nos busca en el aire…

Tu dolor, mi amor…

¡Te siento en mí!
Mi cuerpo es un sensor
que siente en tu sentir
¡vibra a tu son!
y sangra en tu dolor…

No imaginas el deseo
que en mi alma hay,
de que tu dolor
aliviado sea…

Y que tu alma jubilosa
encuentre paz,
y que mi alma sensitiva
así te perciba…
Y que tu alma: sonría
para que entonces…
mi alma también ría,

porque: tu dolor es mi dolor
tu alegría , mi alegría
tu sentir, mi sentir,
y tu amor ¡Mi amor!

Anidaste en sus entrañas

Cuando el tiempo se detenga
entre azahares y magnolias
alcanzaré yo las nubes
para acariciar tu cielo

Cuando el tiempo se detenga
las agujas del reloj mueran
y los pájaros se acallen...

¡Sé que mi corazón
seguirá buscándote!
¡Sé que mi corazón
seguirá esperándote!

Porque avivaste su vuelo
desde la noche adormecida
donde anclada entre las olas
no encontraba sosiego.

Porque engendraste en su latir
el canto de ruiseñores
y entre destellos de estrellas
anidaste en sus entrañas
donde sus raíces se entrelazan
con tu alma cristalina
¡Para calmar ansiedades
e iluminar mi sentir!

¡Ay! ¡Cómo quisiera estar junto a ti!

Quisiera... aunque el tiempo
se desvanezca y cada poro
de mi piel se derrame
gota a gota, y la sangre
de mi corazón se vierta
regando el suelo que habita
"por solo ser en recuerdos",

¡quisiera, cómo quisiera
atesorarte ahí!

¡ahí en mi memoria,
ahí donde al evocarte
habremos sido segundos!
segundos en que estuviste
porque fue lo que elegiste
segundos que me sentiste
porque fue lo que quisiste.

¡Quisiera, atesorarte ahí!
ahí donde tus alas
no encuentran opresión
ahí donde tus sueños
continúan en vuelo etéreo
para consagrar su existir
para consagrar tu latir
y razón de ser.

Quisiera, ¡cómo quisiera!
sentir tus ardientes huellas
como hogueras lacerantes
y aunque se evapore el todo
sin poseerte, ¡tenerte!

¡Ay! ¡Cómo quisiera estar junto a ti!

Esencia Reflexiva

Y soñar el paraíso

Son esos besos y abrazos
deleite que el alma anhela,
deleite que el cuerpo clama
deleite por el que espera.

Quién no algún día desea
amanecer entre llamas,
y que entre brasa le arrojen
al infierno más prohibido,
a ese infierno más temido...

Cuánto miedo despierta
el despertar los sentidos,
cuántos seres eligen
acunarlos en silencio
y soñar el paraíso...

Qué es mayor infierno:
Que habitar el propio miedo,
y renunciar a las caricias
y el temor de lo sentido...

El águila que hay en ti

Intérnate en tu interior.
Navégate, enfréntate, resístete,
confírmate desde tu deseo vehemente:
"Ansias por caminar sin resabios"

Elévate libre
sin anclas que
tu vuelo atrapen.
Deshollina las arterias de tu alma
aquejadas por rayos de espanto
¡Despréndete!, suelta amarras.

Que las garras que punzan tu alma
nublándola, cegándola,
sembrando sentir lacerante
con cultivo de miserias
anhelando cosechar abismos
que tu degradación proclamen...
¡Emboscada les prepare
el ÁGUILA que hay en ti!

Espéralas... espéralas en la arena
preséntale aguerrida batalla
deja tus arterias
fluir desde lo hondo
en caudaloso torrente de amor
¡Vence desde la luz!
las sombras que hay en ti
ponle lápida a su vileza
¡Para ser... SER!

Felicidad intangible

El mundo gira y gira
¡no se detiene!
nos transporta sin escala
al ocaso de la nada
renacer del todo.

El corazón acompasado:
¡Nuestro mayor aliado!
¡Nuestro mayor enemigo!

Es el termómetro perfecto
del alma que somos.
Detecta: cuánto amamos
detecta: cuánto sufrimos
Es el auténtico espejo
del gen de nuestro "ser".

Es reloj implacable
¡no acepta engaños!

¡Marca nuestros pasos!
nos pisa los talones
en esa carrera compulsiva
hacia esa "felicidad intangible"
por la que pasamos expectantes
en cada despertar de nuestros días.

¡Y todo por la nada!

Por unas monedas:
¡cuántos se han perdido
por tan solo unas monedas!

Qué barato es el precio
que tienen esos "baratos"
que con tan solo monedas
los compran al por mayor.

¡Cuántos se han perdido
en la inmensidad de la nada
por "ser" insignificantes!
que por tan solo monedas
"se han negado a sí mismo"
hasta desaparecer

¡y todo por la nada!
de tan solo monedas.

Cuando me llamas

¡Dios que estás vivo!
dejé de buscarte
en templos de cemento
para tropezar contigo
en lo tangible y cotidiano

cuando en mis días
"tu mirada me busca"
desde donde habitas dolido
con aflicciones mundanas
porque tu templo es
"de carne, de sangre, de huesos"
que caminan por las calles
despojado de poderes
para buscarme: harapiento
hambriento, enfermo
¡para acercarte a mí!

Cuando me llamas
desde tu luz magnífica
en ese hermano
que me mira
buscando mi corazón
abierto, que lo abrace
desde mi alma "CRISTIANA"

Aunque tengas que partir

¡Me duele lo previsible!
Y esa agonía que es
este camino de la vida
por el que transitamos
"y aún sabiendo que algún día
transmutará todo ser peregrino
mutando a vida eterna, etérea",
¡me duele igual, cómo me duele!

Y el verte en el ayer, cual roble eras
y hoy así... cirio que se extingue y
esa luz que se va apagando a mis ojos...

"Y sostener tu mano" para que en paz
emprendas tu vuelo libre: y yo aquí,
sin egoísmo aceptar, ¡sin reclamos
y con profundo amor atesorarte
en mi corazón y alma!
que marcada a fuego queda,
aunque tengas que partir...

¡No todos son villanos!

Ay corazón
hay un espacio entre tus fibras
que abarca el todo, yace en la nada
si decepciones lo embargan.
Gatillo cruel es la traición
para matar toda confianza
al asestar con ruindad
la "buena fe" depositada
al arrojar al vacío
el afecto recibido
y sin ser ya suficiente
enlodarte de inmundicias
que son la misma cosecha
del villano que te ataca.

Ay corazón confiado
aunque el dolor es ahora
el todo que te invade
no confundas tu destino
¡no todos son villanos!

Engranaje del universo

Cuando el EGO disfrazado
se infiltra por la ventana
de tu alma anhelante.
Este, tiene bien en claro
la vil misión que lo convoca...

El engaño es su herramienta,
y ahí desde las sombras
orquestará su accionar,
al inocular su veneno,
y convencerte de pleno,
de que eres el timonel
de un universo excelso,
cuando en realidad eres:
ni más, ni menos,
engranaje en un " universo"

cuya misión cardinal es,
el estar aliado y
ligado a tus pares,
seres tan "divinos"
como lo eres tú,

y aunque en apariencia,
disímil sean...

Cada uno de ellos
en igual importancia
dotado para su rol
¡Para deleitarnos así,
en la eternidad que somos!

Sin cadenas

El alma libre
puede llegar
donde sus deseos
lo impulsen

sin tiempo
ni espacio
que lo atrape
en la nada,
en el tedio

en la mediocridad
que lo sumerja,
en despojo
cautivo
de las miserias
de un alma,

que padezca
miopía, desde
un corazón
agonizante

que nunca advierta
que sin cadenas
fue concebido.

Pulmones del planeta

Son los árboles
pulmones del planeta
que oxigenan el aire:
aire que el hombre respira
y sin lo que, no habría vida.

Son los árboles
la ambición de algunos
hombres de negocios,
que sus negocios hacen,
a costa de la salud y vida
de una gran mayoría,
cuya voz no cuenta a la hora
de evitar este atropello,
ya que es el Sr Dinero
quien compra todo...
quien vende todo

y sin importar más
que sus enormes mezquindades
por multiplicarse más y más,
en un mundo corrupto,
es el Sr Dinero
el que decide: cuándo y cómo
menoscabar el cuerpo,
y menoscabar el alma,
convirtiendo al hombre
en un ser cautivo
y empleado del poder
silenciado y con temor
y no, por perder su vida,
sino por perder un irrisorio salario
que recibe, de las mismas manos
manchadas con la sangre,
del hombre que lo envenena día a día...

En un alarido profundo

Voces indiferentes:
deambulan por una tierra,
que desde su corazón estalla
en un alarido profundo

y brotan gemidos de angustia,
desde el interior
de la corteza terrestre,
que siendo cautiva
en manos de hombres,

que sin conciencia alguna
y el menor escrúpulo
solo buscan enriquecerse
viendo el aquí y ahora.
y con erróneo cálculo
equación "costos = beneficios ",
avasallan los derechos de todos

y extraen indiscriminadamente
todo los recursos naturales...
aún más allá de lo tolerable
para el equilibrio ecológico,
¡y así, avanzan destruyéndolo todo!

Y hombres en pugna
aúnan clamores,
siendo voz de esta tierra
que es hogar de todos,
y que desde su suelo
estuvo lista para brindarse
y ser abundancia para todos…

y no solo ser el medio,
para que unos pocos

la usufructúen salvajemente
al tiempo de aniquilarla,
para que ni rastro de vida
un día sea, la única realidad...

Sin prejuicio alguno

El alma del artista
se esfuma
desde la carne,
para sucumbir
sin prejuicio alguno
hasta donde sus confines
lo convoquen

y alzarse como barrilete
hasta el infinito,
entre arrumacos
que hagan su deleite
y de este un consentido...

Consentido hechizo
de efluvios desde él
al paraíso sideral,
donde ahí pleno estallar.

Letal envidia

Alma envenenada
deambulas encendida de celos
que carcomen tus sentidos
¡tus sentidos, enfermos están!

Su envidia te somete
eres vil esclava
vives a la sombra
de logros, de los que
supones mejores que tú...

Te encegueces...
¡eres presa cautiva
de logros ajenos!
Cuánta amargura te invade
cuando miras...

Ahí están esos:
sus triunfos ¡Avanzan!
mientras tú permaneces así
perdida: sin brújula que te oriente
sin que los que aborreces
sientan el menor daño.

Y tú, con tus venas
henchidas de rabia
por triunfos que anhelas
pero se te niegan
¡vives cual náufrago
sin veleta alguna
que descubra su virtud!
para emerger de la mortal
y letal envidia.

Tus aguas

¡Ay agua que vas
viajando!, contigo
me vas llevando.
Son tus costas
del río mi vida:
consigo mi infancia
infancia lejana
que aún se refleja
en lo hondo del río.

Espejismo dormido
naufragando recuerdos.

Ahí... entre tus piedras
¡ahí! Una vida cautiva
y tus aguas testigo
del cautiverio que vive
una vida, que se esfumó
entre la corriente de
tus aguas y su orilla...

Por el sendero de la vida

Matizadas hojas amarillas
se desprenden suavemente
del firme brazo que las cobijan:
Es tiempo de cambios
es tiempo de crecimiento
es tiempo de seguir
por el sendero de la vida
que avanza con fuerza
dejando atrás lo que fue
para concentrarse en el mañana...

Y ese ver a quienes hasta ayer
todo lo esperaban de esas manos
extendidas desde las raíces
que los nutrían día a día
y ahora ya respiran libremente
y al desplegar sus alas
descubren su esencia
y de sus almas e intelectos
brotan maravillosos conocimientos

para que un día al llegar
al ocaso de sus días
al ver como otras
matizadas hojas amarillas
se desprenden del brazo
que las sostenían...
con ternura comprendan
que es en el crecer
en donde el sentido
de la vida está.

Palabras

Vida: Muerte
Principio: Final
Luz: Oscuridad
Bueno: Malo

palabras tan distintas
palabras tan iguales
palabras que coexisten
pues sino no existen

palabras que tememos...
palabras que esperamos...
palabras que deseamos...

palabras que están
presentes y ausentes,
y en medios de estas,
nuestra existencia
¡Qué paradoja existencial!

Ser llaga...

En tu nada, tan ausente
yo ¡Soy llaga encendida!
y la nada que me abarca
es el todo que te sufre
y en el sentir se complace,
porque al vacío del todo,
más me place SER llaga:
que sangrando presente te hace
"aunque cual luz de presto cirio
extinguiéndome vaya",
a un pasar anestesiado,
inmutable en el sentir,
¡siendo una nada
pasando nada!

Cuando ames...

Cuando ames
vas a mirar al otro
y te encontrarás en este

cuando ames
nada que el otro necesite,
será demasiado...

Cuando ames
ser feliz:
puede que no empiece con tu "yo"
sino que tal vez sea
al olvidarte de ti
y, por estar, para el otro
sientas que su alegría
te ilumina el ser.

Ahí comprenderás:
que es imposible ser feliz,
sin que exista en tu estar
el poder conjugar
¡En primera persona
del modo indicativo,
el verbo AMAR!

Como mariposa

En la brevedad de mis días
estoy aquí posada
sabiendo cual oruga
que elabora su seda
en pos de su metamorfosis
para lograr al fin su vuelo

que trabajar también debo
para no dejar de SER...

Con mis ojos maravillados,
al observar su despegue:
deja de ser oruga
para ser bellísima mariposa
que vuela en busca
de su destino final
para el que ha sido llamada
a ser parte de un todo...

¡Así me encuentro yo!
elaborando mi metamorfosis
cual gusano de seda
para el vuelo sempiterno,
donde me han de aguardar...

Nuestro paso un pasar

Camino por el que transitamos,
tan poblado de alegrías;
también de retos y penas,
y tan sobrado de motivos...,
por los que algunas veces,
sentimos..., que el fondo está cerca
mas nunca llega...,

y así, nos sentimos
en la mitad de un camino,
y sin saber cómo seguir...,
desistir: no vale,
porque sabemos que este,
es transitorio, y nosotros,
también lo somos...,

¡Nuestro camino es un paso
y nuestro vivir, un pasar!

Caminamos a un existir,
y cuando lleguemos
será justamente ese,
el preciso instante
donde todo: habrá comenzado
para sin penas y con gloria
¡Nunca terminar !

Hacia el mismo destino

Trato de entederte...
pero mientras más
intento tu esencia penetrar,
más lejos me siento
indescifrable para mi eres,
y curiosamente
ambos caminamos
hacia el mismo destino,
destino inevitable de todos...

Y entonces me pregunto:
¿Cuál es el motivo
de que yendo al mismo fin,
sea imposible el conciliar?

Será que acaso
el "fuerte ego" está
en pie de guerra
y sin dar tregua,
un abismo genera
y de vencer trata
y de mí te aleja,
y de ti te aleja...

Porque ser Ego
¿Es no ser nada?

Escoltado por corceles

En el mar del firmamento, un lucero te guía
escoltado por corceles alados, que te custodian,
invisibles telarañas atrapan tu caída
y aseguran tu devenir inevitable en alegría,
pues en el cosmos universal de nuestra esencia
todo ya descansa, en el eterno reinar,
que serena nos aguarda, para así integrar
el elenco sempiterno: de ser y estar.

Tu paso no apresures y tu conciencia disfruta
Por, ¿el cómo, cuándo y dónde?
no entristezcas tus días, ya que, cuando el tiempo sea,
todo arreglado está, para que en tu arribo,
tantas luces que, como también tú serás,
te enlazarán en amores de perpetuo disfrutar.

Quiero ser como el águila

¡Quiero ser como el águila!
que sabe ver a lo lejos
y con gran sabiduría,
identifica su objetivo
y con las fuerzas que le quedan
se eleva a lo más alto
porque sabe ...
que el momento ha llegado
y que aguardar, ya no puede...
Porque sabe que,
aunque sangrar deba,
prefiere sangrar ahora,
antes que dejar de ser.

¡Quiero ser como el águila!
capaz de volar al cielo,
y sin mirar hacia atrás,
hacer lo que es debido
en pro de su objetivo.

¡Quiero ser como el águila!
que en sus ansias de vivir,
se desprende de sus partes
que a la muerte lo conducen,
antes que ser la muerte en ellas.
¡Quiero ser como el águila
y así SER…!

Mientras sigues soñando

En el aire buscas
un amor auténtico
y un amor ficticio,
se acerca... te encuentra

y es tal tu carencia
que al mirarlo crees
que ese mensajero
de caricias urgentes
es quien con su huella
forjará los cimientos
que sean fortaleza
de un amor perpetuo…

De amor estás sedienta,
y te confundes
y te ilusionas
en medio de espejismos
que nada son
y que solo te proponen
momentos…
.mientras sigues soñando
con un AMOR
que llegue a tu hoy...

En medio de total paz

El mundo sería otro mundo
si todos practicáramos el amar.

Una espada afilada
al ver su inutilidad
quizás por ser caduca:
mutaría en suave pluma
para acariciar suavemente
a todo dulce ser viviente
en una tierra resplandeciente,
en donde todos unidos
por el lazo invisible
y fraternal del amor,
sintiéramos el ser hermanos,
y el cuidarnos mutuamente
ya la excepción no sería,
sino una forma de vida.

Y ya ni guerras habría,
y de dolientes hambrunas
ya nadie conocería,
ni tampoco las noticias:
hablarían de odios,
ni tampoco de amores,
y solo hablarían del progreso
de una tierra hermana,
en medio de total paz
¡donde hay de todo,
y es para todos!

Reconocerte

Yo te deseo:
que este día
que a ti a llegado

sea el nexo
entre quien fuiste
quien eres
y quien serás...

Y que al evocar
a quien fuiste,
te reconozcas
y en quien eres...

Y que al proyectarte
hacia el Mañana,
te reconozcas
en quien ERES...

Y que al reconocerte
en quien eres hoy,
sientas profunda FELICIDAD...

¿Qué poder tienes poeta?

¿Qué poder tienes poeta?
que cuando tus letras
con mi alma se entrelazan,
me arrobas en ese instante,
y en mi alma sus alas
otra dimensión cobran,
cual si fueran de ángel,
a las que nada ni nadie
puede poner a ese
vibrante vuelo etéreo
un rótulo que señale:
"AQUÍ NO SE SUEÑA"...

¿Qué poder tienes poeta ?
que hasta los más crueles
que en la historia dejaron
sus huellas de espanto
desde su fuero íntimo
temieron a tus letras,
que lejos de ser letra muerta
¡Es palabra viva!
que valiente levanta su voz
y agita el inconsciente colectivo
al despertarlo de su letargo
e impulsarlo a grandes cambios,
desde la libertad natural del SER
más humano, más hermano...

¡Qué poder tienes poeta
que hasta los más grandes tiranos,
temieron a tus letras!

Esencia sufriente

Asfixia

Sumida en el aljibe de mi angustia
el día en tu ausencia es penumbra
mi alma se desangra extenuada
¡y vierte gotas de impotencia!

Mi corazón desgarrado:
sollozo, vierte su dolor
la flama lo consume
¡muta desde el vacío!

Y mi piel adormecida
moría lentamente
¡para ya, no buscar más
con ansiedad alguna!
al roce de tus poros
la vaina de tu esencia.

Y mi amor soflamado
por burlas del destino
penetra en su sepulcro
¡se asfixia, con su silencio!

Ojos de papel

Cual semilla fructífera
anidaste en mi alma
encarnaste en mi oblicuo
empedrado granado
sendero al infinito.

Conmoviste mis entrañas
¡estallaron al sentirte!
entrañable bajo los poros
de mi piel entumecida/

¡Despertaste del silencio!
mis sentidos viscerales
se tornaron una hoguera
¡sintieron a pleno!
¡cobraron vida, contigo!

¡Qué ironía cruel
es el destino!
Hoy, te vas
tras unos ojos de papel.

Desde tu olvido

¡Frío! Cuando avanza
entre mis manos
el sentir que me estremece
¡siento frío!, ¡cuánto frío!
me provoca tu ausencia
el delirio se me encarna
entre mis venas
¡fuego! ¡Llanto!
y mi corazón herido
¡te llama! ¡Te busca
en la memoria de mi alma!

Mi piel es un susurro
hasta romper en llanto
"el suelo tus pupilas
atrapadas en mis lágrimas"
¡y tu nombre rozando
cual pétalos de rosas
"mi boca" desde tu olvido.

Puerto de un desamor

Cuando escucho tu voz:
mis entrañas estallan
en la espontaneidad
de ese "hola"

Cuando espero más
¡la ausencia de esta
presente se hace!
Mi corazón se derrama
en gotas amargas

Gota a gota profunda
gota a gota que socava
y en mí, mi ánimo aniquila
¡qué desesperanza!

Miro ese tiempo
ausente que resiste
embates del tiempo,
y tú ahí, amarrado
"en el puerto de un desamor"
¡siendo tu anhelo
que presente está!

Laguna de silencio

Cuando la noche se desangre
herida con puñales de desprecio
romperá en llanto estrepitoso
inundando la laguna de silencio

Cuando desde el silencio
acongojado me busques
provocando el eco de mi alma
que esboce suspiros contenidos

convocarás a la ausencia
que yace en mi corazón
que perpleja y desecada
descansa del dolor y olvido
para resistir tu partida lacerante...

Sin razones

Aunque en el hoy
mi corazón se debata
entre el fuego que siente
y el olvido al que lo condenen
para convertirlo en leños secos
hasta incinerar su sentir
que sinrazones anida

Y aunque la poca cordura
que aún le queda, le diga:
que replegarse ante el desprecio
es lo que debe; evaporarse
del camino hacia el vacío
en que se empeña
hacia la nada
¡sea lo más digno
sea lo más sano!
inútil es que
la lógica lo domine
¡está enceguecido!

No comprende de razones
hace oídos sordos
prefiere desangrarse
sintiendo la flama
que lo carcome

antes que ser
desdén y olvido..

El llanto de tu alma

La noche se viste con luciérnagas
para reflejar en mi esperanza
tu huella, que está ahí adormecida
soñando resplandores de amores
que riegan con estrellas albores
para acertar tu corazón y
rasgar corazas sumidas
cautivas en desaliento pletórico
para agitar tu alma encarcelada
a una brisa clandestina que
fue parida en las sombras

y aunque la luna le regalaste
prefirió ser sombra rayando el fango
mientras el sol por testigo
al ver tu profundo dolor
sin saber cómo ser consuelo
dejó asomar a tu luna de plata
fiel amiga de tus nostalgias
para que ya en penumbras
el llanto de tu alma se vierta
hasta secar tu corazón
de tanta congoja...

Dejaré de sentirte

Te
Dejaré de sentir
te
dejaré de pensar
te
dejaré de aspirar
en el aire anhelante
que susurre tu nombre
cuando filo
de cruel puñal
cale y aguijoneare
mi corazón centelleante
que se debata hidalgo
entre suspiros al vacío
y certero revés
de la mortal indiferencia
de tu amor ausente

dejaré de sentirte
cuando mi corazón
derramado íntegro
exhale su última gota
de la vida que me negaste...

Mi sentir crucificado

Fuiste inmensa luz de plata
custodiando mis delirios
Fuiste brasa encendida
carcomiendo mis instintos
fuiste, fuiste, fuiste
alucinógeno en el alba
y remanso en el ocaso
embriagándome el alma
hechizado, embelezado
penetrando tu universo
de arcoíris difuminos que
rebasando entre excusas
acallaba mis ensueños

Y en tinieblas sombrías
huérfanas de estrellas que
alumbraran mi noches
cubriendo cual lápida
mi sentir crucificado
condenando al frío invierno
lo imposible de mi dicha
condenando mis sentidos
a la fosa del olvido
y al yacer estremecido
sobre un peñasco dormido
y hundido en el desdén
y desamparo de tu aliento.

Brasa que quema...

Inhalo, exhalo y miro
mis desgarradas manos.

Manos abiertas que
abiertas y extendidas
sostienen sin reparo
un corazón encendido

irradiando luz del alba,
irradiando luz de estrella,
irradiando luz del alma,
irradiando brasa candente,
brasa que quema...

Y esas manos que
Capaz de sostenerla
entre esas manos son

porque ese corazón:
¡así lo exige, así lo manda!

y abiertas atrapan
la nada del aire
la nada del cielo
la nada de nada...

El vacío
me invade
y es instante
que siento que
ese corazón debería
arderse por completo,
para no sufrir más...

Mi aliento plagado de hastío

Me siento en el extremo...
contemplo el despeñadero,
y es el infinito, ansia que
mi aliento plagado de hastío,
sazona con esa sapidez
propia de espejismos
que ilusionan, reflejando
ese segundo que aquieta,

cuando en ese rebote
fulgurante y cautivador
del inconsciente,
me convida a un mar
que es etéreo, sin marejada,
pero con la calma
de aquel cautiverio propio
de un pequeño estanque...
Y yo mientras recuerdo:
¡Cómo anhelo mar abierto
que me eleve, que me hunda,
que me lleve, que me deje,
pero siempre en libertad!

¿Tan profundos lazos fraternos?

Cuando en cada amanecer
mis sentidos despabilan
cautivos de profunda zozobra,
e invariablemente brotan voces
que comparsa y espejismo son,
en una portentosa caravana,
en medio del vacío que me inunda

Cuando la pesadez extrema
que aguijonea mi alma
en este solo existencial
con magnífico coro por testigo,
que casi al unísono esbozan
frívola solidaridad cicatera,
mi congoja se agiganta.

Cuando tantas voces dicen,
cuando tantas almas convergen,
siendo tan solo fisgones
en el teatro de la vida,
donde son figurita,
que cubren un rol
para decir : ¡Presente!

Mi corazón desterrado,
triste y mustio,
evoca confundido murmullos
que asomaban desde:
¿Tan profundos lazos fraternos?

Qué decirte

Qué decirte:

En esta noche fría,
desamparada del calor
que de caricias nacían
de las manos del amor...

Qué decirte:

Del corazón rebozante
en ese amor lacerante,
que provoca su agonía
y derrama gota a gota...

Qué decirte:

De la partida sin consenso,
que se presenta a destiempo
y te toma por asalto,
sin darte opción alguna,
que su compás de espera...

Qué decirte:

Que tu corazón no sepa
y el ocaso del suspiro
del alma que sigue amando
más allá de su piel...

Qué decirte:

Del reflejo de su amor
irradiado al universo

y reflejado en tus ojos
para continuar en ti...

Cenizas

Tan cerca y tan lejanos...
presente se encuentran
nuestros sueños compartidos
¡Y tan lejanos...!

Hoy nuestros proyectos
no son ya, los que
nuestros sueños edificaban
y de nosotros hacían
un frente inquebrantable...

Hoy son solo las cenizas...
Cenizas que perplejas yacen :
sin entender: ¿Cómo?
¿Cuándo? ¿Dónde?
Fue que dejamos de soñar...

Para que nuestra felicidad
mutara en ser hoy tan solo,
el sepulcro en el que yacen ya:
Solo cenizas de aquella
felicidad inconclusa...

En carne viva

Con mi mirada fija en el ocaso,
de un poder SER inexistente,
enhebro en el espejo de mi mente
pasajes de mi anhelo insatisfecho.

Buscaba en ti el latir de mi existencia
y tú fuiste colmando así mis días...
Traté de encaminarme hacia tu alma
sin advertir que en ella ya había
el Ser para tu Ser en carne viva.

Y hoy con mi sentir acongojado
por ser inexistente en tu existencia
con mi mirada fija en este ocaso
y un corazón sangrante en carne viva.

Ausente

Ya no te asomas a mi vida
y el camino que
hacia tu viña me conducía:
interrumpido ha quedado...

Y en aquel que aplaudía
mi llegada,
ahora, inexistente bienvenida,
y un camino ausente,
tan ausente...

como aquel rojo, verde cálido
y aromático viñedo
del cual me embriagaba,
y perdiéndome en tus palabras
me rendía a tus deseos...

Ausentes deseos hoy:
¡De un camino inaccesible
de un corazón con cerrojos!

Soledad silente

Cuando el silencio se abigarra
sobre mi sombra disoluta
ansias eternas los minutos
se descomponen con mi llanto
que entre los surcos de mis venas
¡aúlla! ¡Se derrama en quebrantos!

Cuando mi corazón
raído... cansado ya
refleje en consonancia
y en su desdicha sienta
crujir del firmamento
estremecerse en penumbras
de ausencia imprescindible
vistiendo de escarlata
su soledad silente

¡ahí! beberé la añoranza de mis días
para en sueños ya dormido
¡huir del herrumbre
de mi corazón herido!

Hojas secas

Mi alma atiesada
sucumbió conmovida
tras prisma de ilusiones
¡despertabas mis ensueños!

Tu "ser" irradiaba destellos
de luz, que teñía mi sentir
intenso verde esperanza
regada con gotas
de rocío diamantina
desvelando mis impulsos.

Mi corazón conoció
el extremo irreprochable
de una entrega sin reservas:
voló hacia el infinito
¡el sueño se disipa!
los cristales se rompen
Hojas secas mi corazón
¡yace en el verde olvido!

Esencias

En

Duetos

Llenándome de tu esencia

Poema en dueto
Adrián Norberto Mosconi (Argentina)
Gladys Viviana Landaburo (Argentina)

Me reflejo en tu mirada
como en aguas cristalinas
que desbordan mi equilibrio
tentándome a arrojarme al abismo,
entre caricias que me provocas
encendiéndome la sangre,
que poco a poco me estremece
en olas de placer incontrolable,

porque sos debilidad de mis entrañas
y el deseo hecho carne
que me embriaga en tu deseo
hasta perder la cordura
y hacerte cómplice de esta locura,
condenándonos al delirio
entre aromas por demás excitantes
y embriagadores de los sentidos,
que acuden en busca de la complacencia
entregándose desenfrenadamente al deseo.

Y entre tus cavidades te busco
llenándome de tu esencia,
porque que solo estando en ella
me elevo en éxtasis
transportándome desde ti
hacia el infinito,
donde no quisiera dejar de ser...

Ahora
Poema en dueto
Geber Humberto Perez Ulin (México)
Gladys Viviana Landaburo (Argentina)

Si la vida fuera
tan solo un instante
tu existencia y la mía,
"esa gema en el espacio"
¡contigo! Contigo yo la perdería.

¡A tu lado siento! vuelo
nada me hace falta
Mi vida se llena de gozo
cuando tú me abrazas.

Cuando yo te abrazo
¡vibro, mi alma flota
el infinito me posee!
la algarabía inunda mi "SER"

¡Detén reloj tu tiempo
Sé mi cómplice este día!
Quiero amarla sin medida
¿ no ves que ella es mi vida?

Eres mi alma, mis delirios
¡Oh reloj! ¡detente!
Porque su ausencia
¡No puedo! Siquiera
un instante imaginarla

Eres la inspiración de mis locuras
"la heroína de mil batallas"
No podría soportar
mariposa encantadora

que de las manos te me fueras
¡Amémonos ahora!

¡Su hipocresía!
Poema en dueto
Irene Medina (Chile)
Gladys Viviana Landaburo (Argentina

Su hipocresía... fue profunda herida,
que mi corazón desgarró hecho trizas.
Y tú mi amiga, que me lo advertías...
me diste mil señales de su falsía,
siempre albergando la esperanza,
que despertara y retomara el camino de mi vida

Siempre supe que no te merecía
tú nunca quisiste aceptar su hipocresía
deja que pase por tu lado cabizbajo
Su vergüenza y tu abandono será tu desahogo
Vuelve amiga mía a ser dueña de tu vida
El no vale ni tu pena ni tus lágrimas

No vale la pena llorar por su hipocresía...
Enterraré ese amor que me dejo vacía,
reconstruiré con nuevas fuerzas
mi corazón que han hecho trizas
esperaré que el tiempo pase...
Y ordenaré mi sentir... Para volver a creer

Yo siempre supe que eras luchadora
que aun cuando has sufrido traición y mentira
podrás salir adelante, podrás reír nuevamente
y cuando quieras llorar, lloraras simplemente
quizá por un poema... quizá por una amiga
que esté sufriendo por la misma hipocresía.

La noche sangró por la herida
Poema en dueto
Gladys Viviana Landaburo (Argentina)
José Lorenzo Medina (Argentina)

La copa de vino
exhala sobre la mesa
frugales olores
llena de sueños,
para la tarde
impávida
de letargo
y marcada osadía,
que morirá en mi pecho
frío como la nieve
silencioso
como mi alma...

La copa de vino
que sostienes
colmada de tus sueños
¡tan hidalgos, tan sangrantes!
me embriagan
con su intensa fragancia
me cautivan
se apoderan de mi alma
para anhelar ser puente
por donde traces tus huellas.

Quise ser la alegría de tus días,
cántaro que desborda
sueños en la alborada
intrépida de la mañana.
La noche sangró por la herida
suave destello de amor.

Quisiste ser alegría de mis días...
La noche sangró por la herida
¡la penumbra te invade!
la duda se apodera de tu corazón
el desconcierto sucumbe
el horizonte se aleja
el "amor" se desvanece
¡quisiste y me quisiste,
mas a tus sueños
los quisisteis más!

¡Sin dejar de amarte!
Poema en dueto
José Lorenzo Medina (Argentina)
Gladys Viviana Landaburo (Argentina)

Dejaré que la rosas en Abril
me hablen dulcemente de ti
que me digan: ¿dónde estás,
o que fue de nuestro amor?

Dejarás que las rosas de Abril
te hablen, y te digan
lo que ya tu corazón
conoce en profundidad

que tu amor es como un faro
en la noche más oscura
cuando bebo de la soledad
buscando tus labios...

Mi amor por ti, es un rayo
que atravesó mi alma
y aunque hiere tu ausencia
mi corazón palpita
y no vibra sino es contigo

porque mi amor fue silencio
dolor en la distancia
gaviotas después del naufragio,
mi deseo se vistió de mar
para buscarte en sus entrañas

En el mar, mis lágrimas
tiñeron sus olas
con lágrimas de sangre
de las heridas de mi alma,
y sus fuerzas... desfallecían
pero, ¡sin dejar de amarte!

Me fui buscando el alba
para volver a soñar con el amor
en esta triste historia
que escribimos con el alma...

Te fuiste, aunque
bien sabes que
jamás llegaste
¡Jamás partiste!

Te siento
Poema en Dueto
José Lorenzo Medina (Argentina)
Gladys Viviana Landaburo (Argentina)

Móntate sobre mi luna de papel
que entre arrebatos te espía
celosa de las estrellas
que iluminan tu regazo
tan sensual, tan frugal
que, ¡provocan nuestro delirio!

Quiero despertar bajo la luz de la luna
y lentamente acercarme hasta tus labios
para encender esa llama, el fuego prohibido
para la razón que nos atormenta
romper los paradigmas de la moral
en las llamas sagradas del deseo...

Ven alójate en mi luna de papel
que te ansía profano, desbordante
desde las caricias de tu alma
hasta el roce de mis reservas
que se arden desde su núcleo
¡ven acóplate y comparte mi vuelo!

te siento profundamente mía
cuando nuestras manos se entrelazan
en un profano encuentro
lleno de amor y lágrimas
que conmueven cada suspiro
que brota del corazón

Te siento y vibro en ti
cuando tus manos son
proyección de tu alma
que derriban lo imposible
para ser en mí
¡Cómo te siento! Sólo soy en ti.

ÍNDICE

Prólogo 8

  Esencia Enamorada 9
Sin ti... 10
De corazón a corazón 11
Eres tú 12
Sos 13
Ahí estás... 14
Eternamente 15
Y trazo tu corazón 16
Me provoca 18
Voy a tu encuentro 19
Eres como el buen vino 20
En nuestro lago 21
Invítame un día 22
Ay cuando te leo 23

Exhaló vida en el viento 24
Perdida enamorada 25
Déjame labrar sutil mi nombre 26
Eco de mi alma 27
Tu sentir me envuelve 28
Un viaje de ensueño 29
¡Ven a mí! 30
Me tienes poseída 32
Cuando no "te amo" 33
Despierta tu sangre 34
Nuestro tiempo en el deseo 35
Tu dolor, mi amor... 36
Anidaste en sus entrañas 37
¡Ay! ¡Cómo quisiera estar junto a ti! 38

Esencia Reflexiva 39

Y soñar el paraíso	40
El águila que hay en ti	41
Felicidad intangible	42
¡Y todo por la nada!	43
Cuando me llamas	44
Aunque tengas que partir	45
¡No todos son villanos!	46
Engranaje del universo	47
Sin cadenas	48
Pulmones del planeta	49
En un alarido profundo	50
Sin prejuicio alguno	52
Letal envidia	53
Tus aguas	54
Por el sendero de la vida	55

Palabras 56
Ser llaga... 57
Cuando ames... 58
Como mariposa 59
Nuestro paso un pasar 60
Hacia el mismo destino 61
Escoltado por corceles 62
Quiero ser como el águila 63
Mientras sigues soñando 64
En medio de total paz 65
Reconocerte 66
¿Qué poder tienes poeta? 67

Esencia Sufriente 68
Asfixia 69
Ojos de papel 70

Desde tu olvido	71
Puerto de un desamor	72
Laguna de silencio	73
Sinrazones	74
El llanto de tu alma	75
Dejaré de sentirte	76
Mi sentir crucificado	77
Brasa que quema...	78
Mi aliento plagado de hastío	79
¿Tan profundos lazos fraternos?	80
Qué decirte	81
Cenizas	82
En carne viva	83
Ausente	84
Soledad silente	85

Hojas secas 86

Esencias en Duetos.. 87
Llenándome de tu esencia 88
Ahora 89
¡Su hipocresía! 91
La noche sangró por la herida 92
¡Sin dejar de amarte! 94
Te siento 96

Julia Grover: Fotografía

José Lorenzo Medina
Prologuista

Gladys Viviana Landaburo

Autora

www.ingramcontent.com/pod-product-compliance
Lightning Source LLC
Chambersburg PA
CBHW071720040426
42446CB00011B/2144